Suchen, sammeln, spielen Spaß haben!

Im raschelnden Laub herumtoben, frische Luft atmen, Naturmaterialien entdecken und genau betrachten – so lernen wir die Natur besser kennen und verstehen. Eine Entdeckungsreise durch die herbstliche Natur ist überall möglich. Selbst in einer Großstadt gibt es viele Sammelmöglichkeiten: Straßenbäume, Grünanlagen, Parks, Schul- und Kindergartengelände laden zu Entdeckungsreisen ein.

Die herbstliche Vielfalt ist so groß, daß der Phantasie beim Basteln keine Grenzen gesetzt sind: Vom Nachgestalten der Tiere, die vielleicht während des Sammelns beobachtet wurden, bis zur Herstellung von Objekten, mit denen die Kinder spielen können, ist alles möglich.

Sollten nicht alle hier verwendeten Naturmaterialien in Ihrer Umgebung zu finden sein, sind sie für einen relativ geringen Preis im Handel erhältlich. Also – rein in die dicke Jacke und raus an die frische Luft! Spielen Sie mit Ihren Kindern doch mal Eichhörnchen, und „hamstern" Sie ausreichende Vorräte, die so manchen trüben Wintertag durch Basteln verkürzen können.

Richtig sammeln und aufbewahren

◆ Nur ein sorgsamer Umgang mit der Natur sichert den Sammelspaß in den nachfolgenden Jahren. Unter Naturschutz stehende Pflanzen sind selbstverständlich tabu.

◆ Trockene Fruchtstände von Blumen nie abreißen, sondern stets mit einer Schere abschneiden, die ganze Pflanze wird sonst schnell beschädigt. Von Bäumen und Sträuchern fallen die Früchte ohnehin von allein ab und müssen nur aufgehoben werden.

◆ Das Material langsam und schonend trocknen, damit es nicht zu stark schrumpft.

◆ Buntes Herbstlaub einzeln zwischen saugfähigem Papier (Zeitung, Löschpapier) mehrere Tage pressen und mit Büchern beschweren.

◆ Zum Sammeln und Aufbewahren Stofftaschen verwenden, die eine ausreichende Luftzirkulation erlauben.

3

Hinweise und Tips

4

Material

- **Fotokarton**
- **Tonpapier**
- **Transparent- papier**
- **Kreppapier**
- **Stoffreste**
- **Webpelz- oder Fellreste**
- **Wollreste**
- **Paketschnur**
- **Holzperlen**
- **Watte- oder Styroporkugeln**

Hilfsmittel

- **Bleistift**
- **Filzstift in Schwarz**
- **Schere**
- **Seitenschneider**
- **Bürolocher**
- **Vorstecher**
- **Klebstoff**
- **Knetmasse**
- **Plakat- bzw. Deckfarben**
- **Pinsel**
- **Kohlepapier**
- **dünne Pappe**
- **Lineal, Falzbein**

Vorlagen

- Naturmaterialien haben nie eine Einheitsgröße, so daß die von Ihnen angefertigten Objekte vielleicht in einer anderen Größe entstehen als die abgebildeten Vorschläge. Passen Sie die Vorlagen Ihrem gesammelten Material an.

- Die Vorlagenzeichnung mit Kohlepapier direkt auf Fotokarton oder Transparentpapier übertragen.

- Wird das Motiv mehrfach benötigt, kopieren Sie es auf eine dünne Pappe und erhalten so eine Schablone.

Die Einzelteile verkleben

- Hierfür eignen sich, je nach Material, UHU Bastelkleber, UHU Alleskleber Kraft sowie der Klebestift UHU stic. Für schwierige Teile ist die Niedertemperatur-Pistole LT 110 von UHU zu empfehlen, mit der auch Kinder gut umgehen können. Beim Arbeiten mit der Klebepistole die Teile schnell zusammenfügen, da der Klebstoff bereits in sehr kurzer Zeit abhärtet.

Tips für preisgünstiges Basteln

- Fellreste erhalten Sie oft kostenlos beim Kürschner.

- Kleine Styroporkugeln, die in Porzellan-, Elektro- oder Weinfirmen als Verpackungsmaterial verwendet werden, eignen sich als Nasen und Augen.

- Fragen Sie in Drogeriemärkten oder beim Innendekorateur nach ausgedienten Tapetenbüchern und Musterstücken von Deko-Stoffen.

- Beim Spaziergang um einen Parkteich mit Enten sind die schönsten Federn und Daunen zu finden. Sie können sie auch in kleinen Mengen preisgünstig in einem Bettengeschäft kaufen.

- Für Einladungs- oder Tischkarten eignen sich Blanko-Karteikarten, die in verschiedenen Pastellfarben im Format DIN A5 erhältlich sind.

- Ausrangierte „Autositz-Massage-Auflagen" bestehen aus Hunderten von Holzperlen, die sich sehr gut zum Basteln eignen.

Vorlagen

A

2x

B

D

E

C

2x

F

G

H

J

3x

I

2x

K

Igelfamilie

Material
- **Karden**
- **Fotokarton
  oder Tonpapier
  in Braun**

Vorlage A

1 Die Stengel der Karden ganz kurz abschneiden (von Erwachsenen).

2 Mit einer langen Schere eine Seite der Karde der Länge nach kürzen, damit eine Standfläche entsteht.

3 Aus braunem Fotokarton oder Tonpapier einen Halbkreis schneiden und in Tütenform als Kopf zusammenkleben.

Tip
Das Papier läßt sich leichter biegen, wenn es vorher über eine Tischkante gezogen wird.

4 Den Kopf an die Stengelseite kleben und mit einem schwarzen Filzstift Augen und Nase aufmalen.

5 Aus braunem Fotokarton bzw. Tonpapier kleine, ovale Ohren schneiden und einkleben.

Entenküken

① Nach der Vorlage eine Schablone herstellen und mit ihrer Hilfe die Füße aus gelbem Fotokarton anfertigen.

② Eine etwas größere Platanenkugel als Körper auf die Füße kleben.

③ Den Stiel der kleineren Platanenkugel auf 2 mm kürzen, damit er den Schnabel stützen kann. Diese Kugel als Kopf etwas schräg versetzt auf den Körper kleben.

④ Die Bucheckerschale in einzelne Teile zerbrechen und als Flügel links und rechts ansetzen.

⑤ Für den Schnabel ein kleines Dreieck aus gelbem Fotokarton schneiden, der Länge nach falzen und knicken. Den Schnabel mit wenig Klebstoff auf dem Stengelrest am Kopf befestigen.

⑥ Zwei gelbe Locherpunkte als Augen ankleben.

M a t e r i a l
- ◆ **Platanenkugeln**
- ◆ **Buchecker**
- ◆ **Fotokarton in Gelb**

V o r l a g e B

9

Bienen

❶ Das Eichelhütchen auf die stumpfe Seite des Zapfens kleben. Den Stiel des Eichelhütchens etwas kürzen, damit er wie ein kleiner Saugrüssel wirkt.

❷ Nach der Vorlage aus dem Kartonrest zwei Flügel schneiden und seitlich, mit etwas Klebstoff versehen, links und rechts zwischen die Zapfenschuppen schieben.

❸ Locherpunkte aus gleichfarbigem Karton als Augen auf den Kopf kleben. Die Augen mit Filzstift einzeichnen.

❹ Einen Faden zum Aufhängen befestigen.

Tip
Für ein Mobile mehrere verschiedenfarbige Bienen an einen Zweig hängen.

Material
◆ **Douglasienzapfen**
◆ **Eichelhütchen mit Stiel**
◆ **verschiedenfarbige Fotokartonreste**
◆ **Aufhängefaden**

Vorlage C

10

Clowns

Material
- **Lampionblumen-früchte**
- **Fotokarton oder Tonpapier, Farbe nach Wahl**
- **Mohnkapsel-deckel**
- **Erbsen**
- **Daunen**

Hilfsmittel
- **Filzstift in Schwarz**

Vorlage D

❶ Für den Hut einen Halbkreis aus Fotokarton schneiden, über einen Bleistift ziehen und wie eine spitze Tüte zusammenkleben.

❷ Von innen einen Faden als Aufhänger durch den Hut ziehen und den Hut oben auf die Frucht kleben. Rundherum kleine Daunen als Haare befestigen.

❸ Die Deckel der Mohnkapseln abschneiden, kleine schwarze Punkte mit dem Filzstift aufmalen und als Augen aufsetzen.

❹ Für die Nase eine Erbse verwenden. Den Mund aus Karton schneiden und aufkleben.

Hund und Baumkobold

Material

Hund:
- **Zweig, 40 mm lang, 20 mm ⌀**
- **längliche Eichel**
- **Buchecker**
- **Erlenzapfen**
- **sehr kleines Eichelhütchen**
- **Papierrest in Weiß**

Baumkobold:
- **Ast oder Zweig, 100 mm lang, 30 bis 50 mm ⌀**
- **Buchecker**
- **Eichelhütchen mit Stiel**
- **Mohnkapseldeckel**
- **kleine Eichel**
- **Baumpilz oder Strohhalm**
- **Baumflechte oder Hanfschnur**

Hund

1 Bucheckerschale in Teile brechen und diese als Beine an das Zweigstück kleben.

2 Mit der Klebepistole eine möglichst lange Eichel als Kopf auf die Kante des Zweigstückes setzen. Daran zwei Bucheckerteile als Schlappohren sowie ein ganz kleines Eichelhütchen als Nase festkleben. Für die Augen zwei weiße Locherpunkte halb schwarz ausmalen und aufkleben.

3 Als Schwänzchen einen Erlenzapfen befestigen.

Baumkobold

1 Die Enden des Astes gerade schneiden.

Tip
Es läßt sich leichter weiterarbeiten, wenn der Ast hingelegt und zwischen Knetmasse fixiert wird.

2 Das Gesicht ausgestalten und folgende Teile ankleben: eine kleine Eichel als Nase, zwei Mohnkapseldeckel als Augen, Einzelteile der Bucheckerschale als Ohren sowie ein Stückchen Baumpilz oder ein geknickter Strohhalmabschnitt für den Mund.

3 Zwischen Nase und Mund ein kleines Loch bohren und das Eichelhütchen mit Stiel als Pfeife einsetzen.

4 Baumflechte oder aufgedrehte Hanfschnur als Haar aufkleben.

Eulen

1 Als Augen zwei Eichelhütchen aufrecht zwischen die oberen Schuppen einkleben. In deren Mitte eine kleine Styroporkugel setzen. Die Pupillen mit schwarzem Filzstift aufmalen.

2 Nach der Vorlage einen Haken-schnabel aus Karton schneiden und zwischen die Augen kleben.

3 Daunen an der Spitze des Zapfens oberhalb der Augen befestigen.

Tip
Möglichst Kiefernzapfen mit einer
guten Standfläche verwenden.

Material
- ◆ **Kiefernzapfen**
- ◆ **Eichelhütchen**
- ◆ **Fotokarton in Gelb**
- ◆ **Watte- oder Styroporkugeln**
- ◆ **Daunen**

Vorlage E

17

Schmetterlinge

Material

- ◆ **Weizenähren mit Halm**
- ◆ **Holzperle, 15 mm ⌀**
- ◆ **dünner Kupferdraht**
- ◆ **Fell- oder Webpelzrest**
- ◆ **Watte- oder Styroporkugeln**
- ◆ **sehr kleine Styroporkugeln oder Schmuckperlen**
- ◆ **Transparentpapier**

Vorlage F

❶ An die Spitze der Ähre eine Holzperle und daran als Nase eine Styroporkugel kleben.

❷ 5 cm langen Kupferdraht u-förmig biegen und als Fühler ans hintere Ende der Holzperle kleben.

❸ Jeweils eine sehr kleine Styroporkugel oder eine Schmuckperle auf die Enden des Kupferdrahtes stecken und etwas nach vorn biegen. Die Klebestelle mit einem Stückchen Fell- oder Webpelz kaschieren.

❹ Das Transparentpapier falten und die Flügel aus der Vorlage übertragen.

❺ Die Flügel der Länge nach an der Falzkante auf die Ähre kleben.
Augen und Mund mit schwarzem Filzstift einzeichnen.

Tips
Besonders hübsch sieht es aus, wenn die Transparentflügel mit einem gezeichneten Muster versehen werden.
Die Schmetterlinge als Blumenstecker verwenden.
Schmetterlinge ohne Stengel als Mobile aufhängen.

Stabpuppen

Material

Große Stabpuppe:
- ◆ Zierkürbis
- ◆ Walnußschalen
- ◆ Fotokarton in Rot
- ◆ Wollfaden
- ◆ Sonnenhut-
  Fruchtstand
- ◆ Eichelhütchen
- ◆ Watte- oder
  Styroporkugeln
- ◆ Maisbart, Wolle
  oder Hanfschnur
- ◆ Kreppapier in
  Rot und Gelb
- ◆ Bambus, 40 cm
  lang, 5 mm ∅

Kleine Stabpuppe:
- ◆ Bambus, 20 cm
  lang, 5 mm ∅
- ◆ Walnuß
- ◆ Muscheln
- ◆ Eichelhütchen
- ◆ Fotokarton in Rot
- ◆ Baumflechte
- ◆ Feder
- ◆ Kreppapier
  in Grün

Vorlage G

Große Stabpuppe

❶ Ein Loch in den Kürbis bohren (in die Seite des Stengelansatzes), den Bambusstab einsetzen und mit der Klebepistole festkleben.

❷ Die Teile probeweise ansetzen und den Gesichtsabschnitt festlegen.

❸ Die trockenen Kelchblätter des Sonnenhuts entfernen, den Stengelrest abschneiden und den Fruchtstand als Nase an den Kürbiskopf kleben.

❹ Für die Augen zwei Eichelhütchen aufrecht befestigen und je eine Watte- oder Styroporkugel einsetzen. Pupillen aufmalen. Walnußschalen als Ohren mit der Klebepistole ankleben.

❺ Getrockneten Maisbart etwas auseinanderziehen und als Haare breitflächig auf dem Kopf fixieren. Alternativ Wollreste oder Hanfschnur verwenden.

❻ Nach der Vorlage den Mund aus rotem Fotokarton schneiden und aufkleben. Aus Kreppapier je 6 Streifen von 20 cm Länge und 2 cm Breite schneiden und unterhalb des Kopfes befestigen.

Kleine Stabpuppe

❶ Den Bambusstab mit der Klebepistole an die Walnuß kleben.

Tip
Die Puppe läßt sich einfacher bearbeiten, wenn man den Stab in eine Flasche steckt und mit Knetmasse fixiert.

❷ Für die Haare ein Stück Baumflechte auseinanderziehen und breitflächig auf die Walnuß kleben. Alternativ Hanfschnur oder Wollreste verwenden. Als Kappe eine große Muschel mit Feder aufkleben.

❸ Zwei kleine Herzmuscheln als Augen befestigen und die Pupillen mit Filzstift aufmalen. Je nach Zeichnung kann die Puppe nach oben, unten oder zur Seite sehen.

❹ Für die Nase ein kleines Eichelhütchen aufsetzen. Den Mund aus rotem Karton zuschneiden und aufkleben.

❺ Aus grünem Kreppapier acht 10 cm lange und 1 cm breite Streifen schneiden, zusammenfassen und unterhalb des Kopfes befestigen.

Kleine Wichtel

M a t e r i a l
Kerzenwichtel:
- **Krachmandel**
- **Holzperle,**
  15 mm ∅
- **Paketschnur**
- **Eichelhütchen**
- **Streichholz**
- **Pfefferkorn**
- **Webpelz**
- **Stoffrest in Rot**
- **Knetmasse**

Mohnwichtel:
- **Mohnkapseln**
- **Paketschnur**
- **Watte- oder**
  Styroporkugel

Pfeifenmännchen:
- **Haselnuß**
- **Holzperle,**
  15 mm ∅
- **Paketschnur**
- **Eichelhütchen**
- **Watte- oder**
  Styroporkugel
- **Kürbiskerne**
- **Webpelz**

V o r l a g e H

Kerzenwichtel

❶ Die Holzperle mit der Klebepistole auf das breite Ende der Mandel kleben.

❷ Zwei Arme aus Paketschnur anfertigen: Das Ende der Schnur verknoten, Überstand kürzen und auf eine Gesamtlänge von je 2,5 cm schneiden. Die Arme links und rechts vom Kopfansatz her in einem Bogen über die Mandel kleben. Darauf achten, daß die Hände sich nicht berühren und genügend Zwischenraum für das nun einzuklebende Eichelhütchen bleibt.

❸ Einen Streifen Webpelz um den Kopf kleben. Nach der Vorlage einen Halbkreis aus rotem Stoff schneiden, zu einer Tüte formen, verkleben und mit dem Webpelz als Zipfelmütze aufsetzen.

❹ Ein Pfefferkorn als Nase ankleben. Augen und Mund mit Filzstift zeichnen.

❺ Für die Kerze ein Streichholz mit dem Seitenschneider so kürzen, daß es in das Eichelhütchen paßt, ohne die Nase des Wichtels zu berühren. Das Streichholz aufrecht mit Knetmasse fixieren.

Mohnwichtel

❶ Den Stiel der größeren Mohnkapsel knapp oberhalb des letzten Wulstes abschneiden. Bei der kleineren Kapsel den Stiel entfernen. Am Ansatz ein Loch bohren. Die kleinere Kapsel auf den Stiel der größeren Kapsel kleben.

❷ Arme aus Schnur anfertigen und fixieren. Watte- oder Styroporkugel als Nase ankleben und färben. Augen und Mund mit Filzstift zeichnen.

Pfeifenmännchen

❶ Die Holzperle mit der Klebepistole auf die Spitze der Haselnuß kleben.

❷ Arme aus Schnur anfertigen und fixieren bzw. einen Arm halb lose lassen, damit die Hand an die Pfeife geführt werden kann.

❸ Eichelhütchen aufsetzen. Webpelz (halber Kopfumfang) darunterkleben. Watte- oder Styroporkugel als Nase anbringen. Augen und Mund mit Filzstift zeichnen. Kürbiskerne dienen als Füße, ein Eichelhütchen mit Stiel als Pfeife.

Klapper-Kasperle

1 Die Spitze des Kiefernzapfens in die Öffnung des Bambusstockes stecken und mit der Klebepistole festkleben.

Tip
Den Stab nun in eine leere Flasche stecken und mit Knetmasse fixieren.

2 Für den Kopf eine Krachmandel mit der breiteren Seite nach unten aufrecht auf den Zapfen kleben (Klebepistole).

3 Für Arme und Beine vier 6 cm lange Schnurstücke zuschneiden. In die Löcher der Holzperlen etwas Klebstoff geben, jeweils ein Schnurstück einkleben und der Abbildung entsprechend am Kiefernzapfen befestigen.

4 Fell- oder Webpelzreste, Kornähren, aufgedrehten Bast oder Sisal als Haare auf die Mandeln kleben. Als Hut eine Bucheckerschale befestigen. Watte- oder Styroporkugeln als Augen und ein Eichelhütchen als Nase aufkleben. Pupillen mit Filzstift aufmalen. Einen Mund aus rotem Karton anbringen.

Den Stab hin und her drehen, dann klappern die Holzperlen.

Material
- Kiefernzapfen
- Buchecker
- Krachmandeln
- Watte- oder Styroporkugeln
- Eichelhütchen
- 4 Holzperlen, 15 mm ⌀
- Paketschnur
- Fotokarton in Rot oder Wollfaden
- Bambusstab, 30 cm lang, 5 bis 10 mm ⌀
- Als Haare: Fell- oder Webpelzrest, Hanf, Kornähren, naturfarbener Bast oder Sisal
- Geschenkbandrest in Rot

Vorlage 1

Blätterbilder

Material
- Blanko-Kartei-
  karten, DIN A5
- getrocknete
  Blätter

❶ Karteikarten in der Mitte falzen –
am besten mit dem Falzbein am Lineal
entlangfahren – und dann falten.

❷ Blätter zu einem Motiv anordnen
und probeweise auf der Karte plazieren.
Die aufzuklebenden Teile ganzflächig
auf der Rückseite mit einem Klebestift
bestreichen und aufkleben.

Tips
Klebestifte eignen sich für diese
Arbeit besser, da sie weniger Feuchtig-
keit enthalten und das getrocknete
Material nicht wellig wird.
Bei Einladungs- und Grußkarten
darauf achten, daß das Motiv am
Kartenrand nicht übersteht.

Eisenbahn

Material
- Ast oder Zweig,
  50 mm lang,
  30 bis 40 mm ⌀
- Walnüsse
- Eichelhütchen
- 16 Holzperlen,
  15 mm ⌀
- Zahnstocher
- Trinkhalm aus
  Kunststoff
- dicker Wollfaden
- verschieden-
  farbige Foto-
  kartonreste
- Heftzwecke

Abbildung Seite 28/29

❶ Unter das Aststück vorn und
hinten ein kleines Stück Trinkhalm
kleben, ohne daß es übersteht.

❷ Jeweils einen Zahnstocher durch
den Halm schieben und an beiden
Enden je eine Holzperle als Rad
befestigen.

❸ Ein Eichelhütchen als Schornstein
und eine Walnuß als Kabine oben auf
das Aststück kleben.

❹ Aus farbigem Karton nach der
Vorlage drei Rechtecke schneiden.
Die Räder wie bei der Lok unter den
Karton setzen. Auf den Karton eine
nach oben offene Walnußschale als
Lore kleben.

❺ Die einzelnen Waggons mit einem
dicken Wollfaden verbinden.
Einen Ziehfaden vorn an der Lok mit
einer messingfarbenen Heftzwecke
befestigen.

Vorlage J

M a t e r i a l

◆ **Fotokarton oder Tonpapier, Farbe nach Wahl**
◆ **Tonpapierrest in Rot**
◆ **Wäscheklammern**
◆ **Als Haare: Federn, Wolle, Webpelz- oder Fellrest**
◆ **Als Augen: Mohndeckel oder Eichelhütchen und Watte- bzw. Styroporkugeln**

V o r l a g e K

P l a p p e r v ö g e l

❶ Nach der Vorlage eine Schablone anfertigen, zwei Halbkreise aus Fotokarton schneiden und entsprechend falzen. Die Falzkanten nach innen biegen und übereinanderkleben.

❷ Eine Wäscheklammer an den vorderen, inneren Spitzen mit Klebstoff versehen und zusammengedrückt halten. Die beiden Karton-Halbschalen an den geklebten Flächen aufeinanderlegen und von außen zusammenhalten. Die Wäscheklammer in die Öffnungen stecken und beide Teile zusammenfügen. Gut antrocknen lassen.

❸ Das Gesicht nach der Abbildung ausgestalten und eine rote Papierzunge einkleben.

Drückt man auf die Wäscheklammer, öffnen und schließen sich die beiden Kartonteile wie ein Schnabel.

Tip
Wird der Schnabel in größerem Format hergestellt, passen die Finger hinein und die Wäscheklammer entfällt: Die Figur kann als Handpuppe benutzt werden.

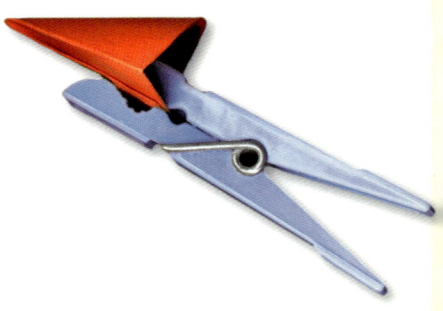

30

**Neben dieser Auswahl aus der Brunnen-Reihe
haben wir noch viele andere Bücher im Programm:**

**Hobby- und Bastelbücher, Bücher zum Spielen und Lernen
mit Kindern, Ratgeber-Bücher für Eltern**

**Wir informieren Sie gerne - fordern Sie
einfach unsere neuen Prospekte an.**

3-419-56009-6

3-419-55935-6

3-419-55934-8

3-419-56011-7

3-419-56012-6

Wir sind für Sie da, wenn Sie Fragen zu AutorInnen, Anleitungen oder Materialien haben.
Und wir interessieren uns für Ihre eigenen Ideen und Anregungen. Faxen, schreiben Sie oder rufen Sie uns
an. Wir hören gerne von Ihnen! Ihr Christophorus-Verlag

CHRISTOPHORUS
Bücher mit Ideen

Hermann-Herder-Str. 4 / 79104 Freiburg i. Breisgau

Tel: 0761/2717-0 oder Fax: 0761/2717-35